AF456253

15 Janvier 1906

16-17

VENTE

HOTEL DROUOT — SALLE N° I

Les Mardi 16 et Mercredi 17 Janvier 1906

A 2 HEURES

MEUBLES ANCIENS

des XVIIe, XVIIIe siècles et Ier Empire

SCULPTURES

OBJETS D'ART — TABLEAUX

TAPIS AU PETIT POINT

appartenant à Mme J. L...

Trois Tapis persans du XVIe siècle

appartenant à M. X..

Me F. LAIR-DUBREUIL	M. Arthur BLOCHE
COMMISSAIRE-PRISEUR	EXPERT PRÈS LA COUR D'APPEL
6, Rue du Hanovre, 6	*51, Rue Saint-Georges, 51*

EXPOSITION PUBLIQUE

Le Lundi 15 Janvier 1906, de 2 heures à 6 heures

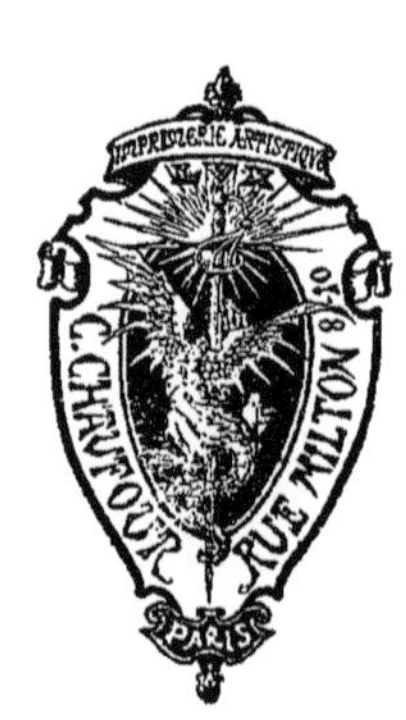
IMPRIMERIE ARTISTIQUE
C. CHAUFOUR
RUE MILTON 8 BIS
PARIS

CATALOGUE
DE
MEUBLES ANCIENS

DES XVIIe, XVIIIe SIÈCLES ET 1er EMPIRE
Ameublements de Salons et Sièges variés couverts en tapisserie
Bibliothèque, Consoles, Commode, Tables
Belles Chambres à coucher, Époques Louis XVI et du 1er Empire

OBJETS D'ART

Groupe Fontaine en marbre de P. LUCAS
Terres Cuites, Bronzes, Biscuits
ARGENTERIE — TABLEAUX — CADRES
BOISERIE D'ALCOVE
TAPIS AU PETIT POINT
appartenant à Mme J. L...
TROIS TAPIS PERSANS DU XVIe SIÈCLE
appartenant à M. X...

DONT LA VENTE AURA LIEU

HOTEL DROUOT, SALLE N° 1

Les Mardi 16 et Mercredi 17 Janvier 1906
A 2 HEURES

Me F. LAIR-DUBREUIL	M. Arthur BLOCHE
COMMISSAIRE-PRISEUR	EXPERT PRÈS LA COUR D'APPEL
6, rue du Hanovre, 6	*51, rue Saint-Georges, 51*

EXPOSITION PUBLIQUE
Le Lundi 15 Janvier 1906, de 2 heures à 6 heures

CONDITIONS DE LA VENTE

La vente sera faite expressément au comptant.

Les acquéreurs paieront *dix pour cent* en sus des enchères.

L'exposition mettant le public à même de se rendre compte de la nature et de l'état des objets, aucune réclamation ne sera admise une fois l'adjudication prononcée.

Imp. C. Chaufour, 8-10 Rue Milton, Paris

DESIGNATION

MEUBLES

1 — Lit de repos en bois d'acajou orné de bronzes dorés têtes de femmes, garni de soie jaune et vieux rose. Epoque Premier Empire.

2 — Petite bibliothèque en acajou garni de bronzes. Epoque Premier Empire.

3 — Console jardinière avec glace dans le bas, en acajou garni de bronzes dorés. Epoque Premier Empire.

4 — Table en acajou garni de bronzes dorés, dessus en marbre. Epoque Premier Empire.

5 — Grande console en acajou à deux étages à colonnes ornées de cuivres avec glace dans le fond. Epoque Premier Empire.

6 — Quatre chaises en acajou recouvertes de soie jaune et vieux rose. Epoque Premier Empire.

7 — Lit en acajou orné de cuivres avec panaches ciselés couronnant les montants. Epoque Louis XVI.

8 — Table de nuit ovale en acajou orné de cuivres, ouvrant à coulisseaux. Epoque Louis XVI, dessus en marbre blanc.

9 — Grande table ronde à bouillotte. Epoque Louis XVI, garnie de cuivres, dessus en marbre blanc.

10 — Table à coiffer en acajou, garnie de cuivres, avec tirettes sur les côtés, ouvrant à trois tiroirs. Epoque Louis XVI.

11 — Petite console en acajou ornée de filets de cuivre, à colonnettes sur le devant, dessus en marbre avec galerie en cuivre ajouré. Louis XVI.

12 — Table bouillotte forme demi-lune en acajou orné de filets de cuivre garnie de drap vert. Epoque Louis XVI.

13 — Commode acajou garnie de cuivres. Epoque Louis XVI.

14 — Deux fauteuils en bois sculpté laqué blanc, dossiers ornés de panaches, couverts de soie jaune et bleue. Louis XVI.

15 — Deux chaises rondes en bois laqué blanc, recouvertes de soierie ancienne jaune et bleue. Louis XVI.

16 — Deux grandes chaises Louis XVI en bois sculpté laqué blanc, dossiers à panaches, couvertes de soierie ancienne jaune et bleue.

17 — Petite commode forme cintrée à trois tiroirs avec poignées en cuivre. Epoque Louis XV.

18 — Ameublement de salon Louis XVI composé d'un canapé et six petits fauteuils couverts en tapisserie au point de Saint-Cyr, fond blanc en soie, dessin à corbeilles de fleurs variées.

19 — Chaise-longue en deux parties en bois sculpté couverte de tapisserie au point. Epoque Louis XIII.

20 — Grand bureau à cylindre en acajou garni de cuivres, dessus en marbre blanc et galerie ajourée. Louis XVI.

21 — Cinq fauteuils en bois sculpté ornés de bouquets de roses, couverts en velours vert frappé. Epoque Louis XVI.

22 — Deux banquettes Louis XIII en marqueterie.

23 — Tabouret en bois à croisillon, couvert en tapisserie au petit point fond jaune à fleurs. Epoque Louis XV.

24 — Fauteuil de bureau en noyer sculpté et canné.

25 — Grand canapé en bois sculpté couvert d'ancienne tapisserie au point, dessin vases et pavots. Epoque Louis XIII.

26 — Six grandes chaises époque Louis XIII, couvertes en tapisserie au petit point à personnages et oiseaux.

27 — Ameublement de salon, style Louis XIII composé d'un canapé et quatre grands fau-

teuils couverts en ancienne tapisserie au point et au petit point dessin à chimères et grands oiseaux.

28 — Fauteuil dit de châtelaine de même style.

29 — Grand fauteuil bois sculpté couvert d'ancienne tapisserie au point à oiseaux, époque Louis XV.

30 — Deux grands fauteuils en bois sculpté couverts d'ancienne tapisserie au point à grandes palmes et fleurs ; époque Louis XV.

31 — Ecran en bois sculpté avec panneau en tapisserie, dessin à grands pavots époque Louis XIII.

32 — Deux chaises à hauts dossiers couvertes en tapisserie d'Aubusson, dessin à gros fruits, époque Louis XIII.

33 — Grand fauteuil en bois sculpté couvert d'ancienne tapisserie au point, dessin à personnages, époque Louis XV.

34 — Ameublement de boudoir en bois sculpté et doré couvert en soierie rose et verte à grandes

fleurs avec médaillons à sujets Watteau, inspirés des cartons de Philippe de La Salle. Il se compose d'un petit canapé à deux places deux grands fauteuils, deux grandes chaises, deux décors de croisées en satin rose avec draperies analogues à l'étoffe des sièges garnis de passementerie, avec embrasses, galeries en bois sculpté et doré, style Louis XVI.

35 — Table en bois sculpté et doré, de style Louis XVI.

36 — Console en bois sculpté et doré, style Louis XVI.

37 — Meuble de salon, style Louis XVI, composé d'un canapé, deux fauteuils et deux chaises, en bois sculpté et doré, dessin à palmes enroulées perlé et bouquets de fleurs couvert en soierie ancienne fond crème rayée et brochée à guirlandes de fleurs.

8 — Ameublement de chambre à coucher en bois d'acajou orné de beaux bronzes dorés, époque Premier Empire, composé d'un lit à colonnes avec couvre-lit en soie brochée du temps, un secrétaire, une commode, une psyché et une table de nuit (pourra être divisé).

39 — Chaise longue forme dite Récamier couverte de belle soierie jaune brochée garnie de galons vieux bleu, époque Premier Empire

40 — Deux grandes bergères avec coussins, recouvertes de soierie jaune brochée même style.

41 — Quatre chaises en acajou recouvertes de soierie jaune et bleue, époque Premier Empire.

42 — Ecran en tapisserie au point fond jaune, dessin vase de fleurs.

43 — Grand fauteuil en bois sculpté couvert de tapisserie au point, dessin à grandes fleurs, époque Louis XV.

44 — Ecran en broderie Louis XVI.

45 — Ameublement de salon en bois sculpté à médaillons, fronton orné de roses composé d'un petit canapé et quatre grands fauteuils couverts d'ancienne soierie fond blanc, époque Louis XVI.

46 — Chaise longue en deux parties du temps de Louis XIII, recouverte en soierie de l'époque.

47 — Deux bergères en bois sculpté couvertes de soierie bleu pâle et blanc, époque Louis XVI.

48 — Console à quatre pieds tournés dessus en marbre rouge. Epoque Louis XIII.

49 — Lit Louis XV en bois sculpté et doré à fleurs et sujets, le fond du lit orné d'une peinture.

50 — Entrée d'alcove Louis XV en bois sculpté et doré, dessin à coquilles et rocailles.

51 — Trois chaises couvertes d'étoffe verte du temps de Louis XV.

52 — Glace avec beau cadre en bois sculpté et doré du temps de Louis XIII.

53 — Glace avec beau cadre doré Louis XVI.

ARGENTERIE

54 — Quatre plats ronds en argent uni, bordures à contours et filets, ornés d'armoiries gravées. Epoque Louis XV. Vieux Paris.

55 — Huilier en argent ciselé à cariatides et têtes d'animaux ailés, offrant dans le milieu un paon Epoque du Ier Empire.

56 — Grande saucière en argent, terminée dans le haut par une tête d'Egyptienne. Vieux poinçon. Epoque Premier Empire.

57 — Cuvette et pot à eau en argent repoussé à fleurs.

58 — Grande cafetière ou verseuse en argent à motifs repoussés.

59 — Service hors-d'œuvre, à dépecer, à salade et à dessert en argent.

60 — Douze grands couverts en argent, modèle à médaillons Louis XV.

61 — Douze couverts à entremets en argent, même modèle.

62 — Douze cuillers à café et pince à sucre en argent, même modèle.

63 — Douze cuillers à café en argent, même modèle.

64 — Bougeoir en argent. Epoque Restauration.

65 — Deux services à salade et à dépecer en argent.

66 — Pelle à glace en argent.

67 — Quatre petites salières et deux autres salières en argent.

NECESSAIRES, MINIATURES

68 — Nécessaire à ouvrage avec accessoires en or ciselé dans une boite recouverte de maroquin rouge. Epoque Louis XVI.

69 — Petit coffret à ouvrage en bois avec accessoires en or ciselé. Epoque Premier Empire.

70 — Nécessaire en bois, vec accessoires en nacre Premier Empire.

71 — Nécessaire en bois avec accessoires en nacre. Premier Empire.

72 — Nécessaire en bois contenant des accessoires en ivoire garnis d'or.

73 — Bonbonnière en racine de bois, intérieur garni d'or, couvercle avec miniature: portrait d'homme tenant une lettre.

74 — Bonbonnière émail fond bleu, décor blanc et or, dessus miniature : sujet pastoral, genre Boucher.

75 — Miniature ronde : portrait d'homme en habit noisette à grands revers, tenant une boite qui porte les initiales J. C. C.

76 — Etui en ivoire finement sculpté, représentant dans le haut le Jugement de Pâris, dans le bas : la Toilette de Vénus.

77 — Divers petits objets en ivoire.

OBJETS D'ART, SCULPTURES

78 — Groupe en marbre blanc représentant un amour couché, plus grand que nature, le bras droit appuyé sur un vase d'où s'écoule une nappe d'eau dans l'autre main, l'amour tient une corne d'abondance, disposé pour pièce d'eau, signé *P. Lucas*. XVIIIe siècle.

Long. : 1^{m}05. Larg. : 0^{m}42 et haut. : 0^{m}80.

79 — Buste en bronze représentant Marie-Antoinette.

80 — Buste de jeune fille en bronze.

81 — Groupe en biscuit représentant la Toilette de Vénus.

82 — Email peint représentant un Guerrier à cheval.

83 — Huit flacons en verre de diverses grandeurs et dorés à fleurs et guirlandes. Epoque Louis XVI.

84 — Deux grands flacons Louis XV en verre doré à sujets chinois.

85 — Encrier en bronze doré, dauphin et coquille en bronze doré. Epoque Premier Empire.

86 — Deux chandeliers en étain.

87 — Chandelier en cuivre Louis XV.

88 — Chandelier en cuivre Louis XIII.

89 — Deux motifs en fonte représentant Napoléon et le Duc de Reichstadt.

90 — Cartel en bronze Louis XV décor à rocailles.

91 — Garniture de cheminée en bronze ciselé et doré, composée d'une pendule, d'une paire de candélabres et de deux flambeaux. Style Louis XVI.

92 — Paire d'appliques en bronze doré. Style Louis XVI.

93 — Lustre en bronze parties dorées, dessin à chimères. Premier Empire.

94 — Deux porte-calendriers en bronze. Premier Empire.

95 — Pendule en bronze doré représentant Napoléon Ier debout.

96 — Paire de candélabres en bronze doré. Epoque Ier Empire.

97 — Paire d'appliques à trois lumières en bronze doré. Epoque Ier Empire.

98 — Paire d'appliques en bronze ciselé et doré. Epoque Premier Empire.

99 — Statuette en terre cuite de jeune femme assise sur un rocher se tenant la tête entre les mains, de Falguière.

100 — Buste d'homme, cire de Mercié.

101 — Buste de jeune fille en bronze, signé Pinédo.

102 — Fragment de sculpture moyen âge représentant un enfant tenant entre ses mains un long bâton ou piquet.

103 — Statuette en terre cuite représentant Louis XVI assis, habillé en Empereur romain, signée: Beurné, élève de Lucas 1793.

104 — Veilleuse globe bleu et or en bronze. Premier Empire.

105 — Figurine d'amour en bronze.

106 — Mortier en bronze décoré de mascarons.

107 — Mortier en bronze décor à coquilles Louis XV.

108 — Porte-montre en bronze. Premier Empire.

109 — Statuette d'amour en bronze Louis XV.

110 — Deux paires de mouchettes anciennes.

111 — Vase en bronze décoré de figures d'amours.

112 — Chauffe-lit en cuivre ancien décoré de fleurs de lys.

113 — Chauffe-lit en cuivre ancien orné d'une couronne de marquis.

114 — Griffon en terre cuite.

115 — Statuette en terre cuite.

116 — Groupe en terre cuite représentant une femme ayant une lionne couchée sur les genoux.

117 — Statuette de femme nue en terre cuite.

118 — Tête de femme en terre cuite.

119 — Statuette d'homme nu en terre cuite. Signée : Flucas.

120 — Cheval en bronze doré, sur socle en bronze.

121 — Cire rouge représentant un chien. Signée : Jules Gelibert et datée 1856.

122 — Buste de Molière en terre cuite.

123 — Buste de Napoléon en terre cuite.

124 — Bas-relief en terre cuite de Faure.

125 — Bas-relief terre cuite : femme nue et vieillard.

126 — Tête de singe en terre cuite.

127 — Deux têtes d'hommes en terre cuite.

128 — Tête d'homme barbu en terre cuite.

129 — Figure d'ange jouant d'un instrument, sculpture sur pierre.

130 — Bloc de pierre avec tête d'homme.

131 — Bloc de pierre représentant une tête de femme embrassant un oiseau.

132 — Statuette d'enfant en bronze.

133 — Groupe de serpents et griffon en bronze.

134 — Petit vase à trois têtes en terre cuite.

135 — Boîte chinoise décorée de plusieurs têtes.

136 — Vase en terre cuite décoré d'enfants.

137 — Encrier de la Révolution en faïence.

138 — Encrier en faïence de Gien.

139 — Deux cornets en cristal.

140 — Vase en buis à personnages.

141 — Porte-bouquets en terre cuite.

142 — Soupière en faïence ancienne.

143 — Bas-relief : groupe de femmes avec amours en bronze.

144 — Statuette ancienne en bois sculpté.

145 — Beau livre : Les médailles de Louis XIV, reliure en maroquin, aux armes du Roi.

146 — Statuette d'enfant avec bloc de pierre.

147 — Statuette en stuc : Une fille d'Ève, de A. Grévin.

148 — Médaillon en bronze : Victor Hugo.

149 — Dix matrices en fer.

150 — Lot de plaques diverses en métal. Ex-voto, médailles.

TABLEAUX

151 — BRASCASSAT (Genre de). Vache à l'abreuvoir. Esquisse.

152 — DEBUCOURT (D'après). Les Joueurs de boules. Gravure en couleur.

153 — JORDAENS (Ecole de). Paysage.

154 — JORDAENS (D'après). La chaste Suzanne et les deux vieillards.

155 — GUÉDY. Vase de fleurs.

156 — PHILLIPS. Un cricket match. Gravure.

157 — TÉNIERS (Ecole de). Le Gourmand.

158 — TÉNIERS (Genre de). Jeune seigneur faisant le galant auprès d'une jeune fille à table.

159 — TÉNIERS (Genre de). Les Buveurs.

160 — TÉNIERS (Genre de). La Surprise. Ebauche.

161 — VALLIN (Genre de). Tête de jeune fille. Petit tableau.

162 — Jeune femme près d'une fontaine.

163 — VERNET (Ecole de JOSEPH). Marine.

164 — ECOLE ANCIENNE. Le Remouleur. Dessin gouaché.

165 — ECOLE ANCIENNE. Un Miracle.

166 — ECOLE ANCIENNE. Vue de Reims.

167 — ECOLE ANCIENNE. Un Palais.

168 — ECOLE ANCIENNE. Berger et troupeau dans un paysage.

169 — ECOLE ANCIENNE. Gentilshommes chevauchant dans la campagne.

170 — ECOLE ANCIENNE. La Causerie.

171 — ECOLE ANCIENNE. Le Joueur de guitare.

172 — ECOLE ANCIENNE. Le Fumeur.

173 — ECOLE ANCIENNE. Intérieur d'un musée. Cadre en bois sculpté et doré. Epoque Louis XV.

174 — ECOLE ANCIENNE. Paysage avec ruines dans un cadre ancien en bois sculpté et doré.

175 — ECOLE ANCIENNE. Jeunes femmes, deux petites peintures dans un cadre doré.

176 — ECOLE FRANÇAISE. Jeune femme et deux amours.

177 — ECOLE FLAMANDE. Scènes de la vie de Saint-Antoine. Deux pendants.

178 — Deux gravures représentant Froufrou.

179-190 — Divers tableaux de différentes écoles.

CADRES

191 — Grand cadre en bois sculpté et doré Louis XV.

192 — Cadre en bois sculpté et doré Louis XVI.

193 — Cadre en bois sculpté et doré à raies de cœur Louis XVI.

194-200 — Vingt-six cadres en bois sculpté doré ou blanc décors variés du XVIIIe siècle. Seront divisés.

201 — Soixante-cinq mètres environ de baguettes dessin perlé, peintes en gris.

202 — Quarante-cinq mètres environ de baguettes dorées Premier Empire.

TAPIS EN TAPISSERIE

203 — Très grand tapis de table de salle à manger en tapisserie au petit point. Dessin à guirlandes de roses, travail ancien.

204 — Tapis de table en ancienne tapisserie au point, dessin à animaux.

205 — Tapis de salon d'Aubusson fond vert d'eau à fleurs.

206 — Couvre-pieds en soierie fond bleu à fleurs Epoque Louis XVI.

TAPIS PERSANS
Appartenant à M. X..

207 — Très beau tapis persan du XVIe siècle, fond rose à dessins d'ornements multiples; bordure fond gros bleu.

Long. : 8m30. Larg. : 3m60.

208 — Tapis persan du XVIe siècle, fond rouge, à petits dessins, motifs variés et multiples, polychrome. Bordure fond vert.

Long. : 4m. Largeur : 1m80

209 — Tapis persan du XVIe siècle, fond rouge à petits dessins polychrome. Bordure fond vert.

Long. : 4m10. Larg. : 1m78.

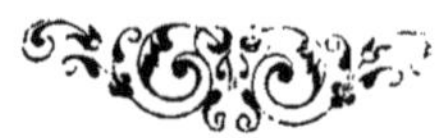

www.ingramcontent.com/pod-product-compliance
Ingram Content Group UK Ltd.
Pitfield, Milton Keynes, MK11 3LW, UK
UKHW022145260726
13993UKWH00005B/2165